Friedrich Theodor Vischer

Faust - der Tragödie dritter Teil in drei Akten

Friedrich Theodor Vischer

Faust - der Tragödie dritter Teil in drei Akten

ISBN/EAN: 9783744703574

Hergestellt in Europa, USA, Kanada, Australien, Japan

Cover: Foto ©ninafisch / pixelio.de

Weitere Bücher finden Sie auf **www.hansebooks.com**

Faust.

Der Tragödie dritter Theil

in drei Acten.

Treu im Geiste des zweiten Theils des Göthe'schen Faust

gedichtet

von

Deutobold Symbolizetti Allegoriowitsch Mystifizinsky.

Tübingen, 1862.

Verlag der H. Laupp'schen Buchhandlung.

— Laupp & Siebeck. —

Erster Act.

~~~~~~

Erster Auftritt.

(Zimmer. Gretchen deckt einen Tisch. Faust tritt ein.)

Gretchen (nimmt Faust den Hut und Mantel ab).

Bist müde, mein Geliebter? Komm, gieb her!

Faust (den Schweiß abwischend).

Ach, wie war heut die Mühe wieder schwer!
Wie schmeckte mir einmal ein Gläschen Wein!

Gretchen.

Mein guter Heinz, du weißt, es darf nicht sein!
Hier steht die Milch; schenk bir ein Gläschen ein.

Fauſt.

Ach ja (ſchenkt ein und trinkt mit Widerwillen)!

    und Hunger ſetzt's; was haſt du denn zu eſſen?

Gretchen.

Du weißt es ja, Heuſchreckentag iſt heut,
Doch morgen gibt es liebliches Gebäck
Von wildem Honig.

Fauſt.

        Widriges Geſchleck!
O ſchmale Koſt, o harte Prüfungszeit!

Gretchen.

Beherrſche dich, denk immer an den Zweck!
Ach, dulde Heinrich, harre aus mit mir!
Es iſt ja deutlich in Erinnrung dir
Noch jener Anhang, jenes Corollarium
Zum Spruch, der für Elyſium

Nach ausgestandner Pilgerfahrtbeschwerde
Dich für befähiget erklärte.

„Es hat", so klang es feierlich von oben,
„Nicht ohne Recht
Der Kritiker Geschlecht,
Den Mephistophel an der Spitze,
Der sie regiert mit seinem Witze,
Den Einwand gegen Faust erhoben,
Es habe dieses edle Glied
Der Geisterwelt nicht stets so strebend sich bemüht,
Als nöthig, ihn zu retten
Aus Satans Ketten.
Darum wird hiemit resolviret
Und klärlich decretiret:
Noch fernere drei Uebungen,
Heilbringende, prüfende Trübungen
Nebst einem eignen läuternden Prozeß,
Der noch verhüllt bleibt unterdeß,
Sollen ergeh'n über unsern Knecht!
Gezeichnet. Vidit. Es ist recht."

Fauſt.

Und noch ein Nachtrag ſetzte bei:

„Zu mehrerer Betröſtung ſei

Gretchen, die ſchon begnadete Büßerin,

Als ſeines Kampfs Verſüßerin,

Als Warnerin, als Mahnerin,

Vollkommenheits=Anbahnerin

Dem Waller aus der niedern Welt

In Gnaden beigeſellt.“

Auch folgt' als Nachtrag Nr. 2 der Satz:

„Es ſoll noch außer ſeinem alten Schatz

Dem Doctor Fauſt, dem Himmels=Baccalaureus,

Zur Hülfeleiſtung als ſein Famulus

Der Valentin, weiland ſein blut'ger Feind,

Nunmehr im Himmel freundlich ihm vereint,

Zur Seite ſteh'n, ſoll, wenn Gefahr ihm dräut,

Mit ſeiner Muskel Vorkraft ſein bereit.“

Gretchen.

Die erſte Prüfung nun zunächſt,

So stand im Text,

Muß diese sein: um dich in der Geduld
Zu üben, abzubüßen alte Schuld,
Sollst zur Erinnrung an dein Amt auf Erden
Du hier, im Vorraum vor dem höchsten Himmel
Bei sel'ger Knaben munterem Gewimmel
Präzeptor werden!
Der Dichter Göthe deutet ziemlich klar
Auf Solches hin, da diese Knabenschaar,
Wie dein Unsterbliches empor sich schwingt,
Mit holden Stimmen also singt:

> „Er überwächst uns schon
> An mächtigen Gliedern,
> Wird treuer Pflege Lohn
> Reichlich erwiedern.
>
> Wir wurden früh entfernt
> Von Lebechören;
> Doch dieser hat gelernt,
> Er wird uns lehren."

Faust.

Ja, ja, und soll, das macht mir viel Beschweren,
Den Schlingeln Göthes Faust, den zweiten Theil,
erklären
Und soll dabei den Stecken zwar besitzen,
Doch ihn bei schwerer Strafe nicht benützen,
Soll, was sie auch für Bubenstreiche treiben,
Gebuldig bleiben.

Gretchen.

Heinrich!

Faust.

Ach, verzeih!
Verzeih, daß mir das rauhe Wort entfloh'n!
Ein Rückfall war's in alten Erdenton,
Plump, wie im Keller Auerbachs die Kneiperei.
O wolle du nur fort und fort
Als Hüterin, als sänftigender Hort,
Wenn mich die alten, bösen Sitten zwacken,

Von diesen groben Erdenschlacken
Mich reinigen, in diesen Vorgefilben
· Hier an des Himmels Ranft
Zart und sanft
Mich bilden!

Gretchen.

O nein, mein Guter, du auch bildest mich,
Ich dich durch des Gefühles zarte Bande,
Du mich mehr mit dem männlichen Verstande;
O Wechselbildung schön und wonniglich!
O herrlich, zu Walhallas hehren Hallen
Einander bildend so emporzuwallen!

Faust.

Indessen ich der Wahrheit kräft'gen Most
Den sel'gen Knaben reiche, soll die Kost,
So hieß es leider
Im Texte weiter,
In unsrem Hause schrecklich einfach sein.

Des Leibs Entbehrung

Soll der Verklärung

Noch sein Vermehrung,

Sie soll empor bis zu dem reinen Engel

Filtriren mich aus einem Erdenbengel.

O, das ist hart, das macht mir öfters Pein!

Wenn man vom Schulhaus kommt so hungrig, so

verschwitzt,

Und endlich nun zu Tische sitzt,

Und findet da das traur'ge Einerlei,

Heuschrecken, Honig, fade Milch dabei:

O Gretchen, du mit deinem zarten Magen,

Du ahnest nicht, was das will sagen!

Warum dieß Leben wie Johann der Täufer?

Ich war auf Erden doch kein Fresser und kein.

Säufer!

Gretchen.

Du sagtest ja, o, du erkanntest ja,

Daß solch Kasteien niedern Sinnentrieb

Abdämpft, der leichtlich einschleicht wie ein Dieb.
Gedenk, o Faust, .gedenk der Helena!

Faust.

Ach, geh' mir weg! Es sei dir nicht verhehlt:
Symbolisch war ich nur mit ihr vermählt;
Ich lüpfe dir der tiefern Wahrheit Deckel:
Ich fand zu meinem Ueberdruß und Eckel:
Das ganze Luder war von Pappendeckel.

Gretchen.

Heinrich, mir graut vor dir!

Faust.

Ach verzeihe mir,
Verzeih', verzeih' das unanständ'ge Wort
Und bilde mich nur immer weiter fort!
Um aber auf den Gegenstand zurückzukommen:
O welch ein Bild ist heute mir entglommen,
Als aus der Schul' ich gieng, im tiefsten Geist!

Ich ehre dieses Darbens Zweck, du weißt;
Doch ist es Jedem eingeboren,
Daß sein Gefühl hinan und vorwärts strebt,
Wenn innerlich vor uns, in Stille reif gegoren,
Mit holdem Dampf ein Sauerkräutchen schwebt,
Wenn zart geräuchert neben Schweines Rüßel
Ein Wurstpaar dampfet in der wackern Schüßel,
Hienebst — verzeihe mir mein lüstern Schmatzen —
Bayrische Knödel oder Schwabenspatzen!
Dazu ein Tröpfchen edles, firnes Naß
Vom Keller aus dem ältsten Faß —

Zweiter Auftritt.

(Es erscheint oben in einer Wolke Mephistopheles mit einem
Orchester von höllischen Geistern, die als Köchinnen gekleidet sind;
er dirigirt mit dem Taktstock.)

Gesang der Geister.

Schwindet, beengende,

Mönchisch bedrängende,

Traurige Wände!

Weichet behende

Reinlichen Räumen

Freundlicher Küche!

Schüßeln umsäumen,

Blanke, die Ränder,

Pfannen die Ständer;

Holde Gerüche

Duften so süß,

Denn an dem Heerde

Froher Gebärde

Stehet die nette

Köchin Lisette,

Drehet das fette

Gänschen am Spieß.

Weitre Gewahrung

Zeiget daneben

Köstlichen Harung,

Welcher so eben

Neben Kartöffelein,

Die sie geräbelt fein,

Wartet geduldig;

Denn er ist schuldig

Opfernde That:

Seine Bestimmung kennt

Er ja wohl, als Moment

Förderlichst aufzugeh'n

Ganz ohne Widersteh'n

Bald in den salzigen,

Sauern und schmalzigen,

Käsen Salat.

Doch in Kamines Schooß

Drängen sich klein und groß

Bis zu dem Firste,

Locken und winken

Rauchige Schinken,

Zungen und Würste,

Zieh'n um die niebliche,

Die appetitliche

Köchin, die drehende,

Sorglich besehende,
Würdigen Kranz.
Fertig nun findet sie,
Ziehet vom Spieß sie die
Brodelnde, protzelnde,
Brätelnde, schmotzelnde
Bräunliche Gans.

Wie sie sich beuget,
Wie sie sich neiget
Ueber die Schüßel,
Klirren bewegt,
Rasseln die Schlüßel,
Lange und kurze,
Blinkend am Ringe
Stählerner Zwinge,
Die sie am Schurze
Amtsgemäß trägt.

Doch der gewaltigste
Unter denselbigen
Oeffnet auf's Baldigste

Zu dem gewölbigen

Keller die Thür;

Dort aus dem kluftigen,

Dunkeln Gelaß

Luget herfür

Strotzend von duftigen,

Alten und reinen,

Köstlichen Weinen,

Faß an Faß!

Fauſt (sich den Mund wischend).

O, o, o, o, o!

O das ist nicht von Stroh!

(Gebärden des Entzückens, hierauf Anzeichen eines träumerischen
Zustandes; er schläft ein. Der Geisterchor ist verschwunden,
zugleich aber erscheint Mephistopheles hinter Fauſt.)

Mephistopheles

ad spectatores.

Begreifet es in seiner ganzen Tiefe:

Wo Prüfung ist, ist auch das Negative.

(Sich über Fauſt beugend und die dürren Finger über ihn
ausſtreckend:)

Er ſchläft, ſo recht, nun iſt er wieder mein!

Gretchen.

Was ſeh' ich? Iſt das Scheuſal wieder da?

Mephiſtopheles.

Ja, lieber Grasaff, freilich bin ich's, ja!

Gretchen.

Du ſollſt nicht ſiegen, o Verderber, nein!

(zu Fauſt, indem ſie ihn rüttelt)

Wach' auf, wach' auf, du biſt verloren!

Fauſt (im Schlaf redend)

Hörſt du das Gänschen in der Kachel ſchmoren?

Gretchen (ihn ſtärker rüttelnd)

Ermanne dich: ſiehſt du den Höllen=Mohren?

Fauſt (halb erwachend)

Ach laß mich träumen, halt **silentium**,
Una poenitentium!
Davon verſtehſt du gar nix,
Liebe **peccatrix**,
Wie ſo was einen Schulmann packt,
Der ſich den ganzen Tag geplackt!
Auch mahnt mich bilblich dieſer ſüße Duft
An manches Gänschen in der Erdenluft.

Gretchen.

O Noth! o Noth! vergebliches Bemüh'n!
(ſchellt und ruft)
Komm, komm zu Hülfe, Bruder Valentin!

Dritter Auftritt.

Valentin.

Was gibt's schon wieder mit dem frommen Schäfer?

Gretchen
(auf Faust weisend, der wieder eingeschlafen ist)

Da sieh ihn an, den nur zu holden Schläfer,
Und hinter ihm die alte Teufelsfrazze!
Sie hat ihn eingelullt mit schnödem Traumgebild
Und recket grinsend wild
Nach ihm die Tazze!

Mephistopheles (den Degen ziehend)

Den Degen sieh, mit dem ich dich gelähmt,
Worauf dann Faust dich Lümmel hat gezähmt!

Valentin
(wirft Faust sammt dem Stuhl um, worauf Faust erschrocken
aufspringt, ergreift dann den Stuhl)

Dießmal geht's anders, dürrer Höllenhund!

Den Stoß parir' ich mit dem Stuhl,

Denn der gehört zum himmlischen Aerar,

Ist zauberfest geweihtes Mobiliar,

Und so hinunter in den Pfuhl,

Woraus du kommst, werd' ich dich jagen!

Wo nicht, dich ungespitzt in Erdengrund

Einschlagen!

(Dringt mit dem Stuhl auf Mephistopheles ein, schlägt ihm den
Degen aus der Faust, wirft dann den Stuhl weg und stößt
Mephistopheles mit Fußtritten der Thüre zu.)

Mephistopheles.

O weh, der Kerl sprengt mir den dürren Steiß!

Valentin.

Hinaus du Racker, höllisches Geschmeiß!

(Mephistopheles mit Gestank ab.)

Vierter Auftritt.

Gesang unsichtbarer guter Geister.

Glücklich erstanden!

Selig der Sterbliche,

Welcher die reizende,

Küchengewerbliche,

Ziemlich einheizende,

Sinnebethörende,

Bratende, schmorende,

Fleischliche, gänzliche,

Quirlende, brenzliche,

Wurstliche, fettige,

Dann auch Lisettige,

Lüsterne, kitzliche,

Gaumenerhitzliche,

Weinlich bespitzliche,

Schmatzende, bitzliche,

Immerhin nützliche

Prüfung —

wenn auch mehr nur thatsächlich), mehr nur dem
Erfolge nach, als wirklich verdienstlich —
Bestanden.

Faust (zu Valentin)

Laß dich umarmen, den ein Gott mir schickte
Zum Retter aus dem Rausch, der mich umstrickte!
Du scheinst mir, mit Vergunst,
In jener edeln Kunst,
Hinauszuschmeißen, an die Luft zu setzen,
Des ächten Hausknechts amtlichem Ergötzen,
Ein wahrer Techniker zu sein.

Valentin.

Sieh zu und lerne, liebes Doctorlein,
Ich bin ein Kerl, der etwas kann;
Wie ich's gemacht, so macht's ein rechter Mann!
Half einst nicht dir, dem üppigen Minnesänger,
Mit seinem Schwert der schnöde Rattenfänger,
Dem jetzt der Zauber in der Scheide blieb,

Wie hätt' ich damals weiblich dich gezwiebelt

Mit manchem groben, unparirten Hieb!

Du bist und bleibst, — es sei mir nicht verü=
belt, —

Man grollt ja nicht in diesem Heiligthumb, —

Im Himmel wie auf Erden halt ein Lump.

Faust.

Wart nur! Wart nur! Das sag' ich meinem Dünzer!

Valentin.

Was scheer' ich mich um diesen Zopf?

Zeig's ihm nur an, dem tausendfachen Münzer

Von Göthe's letztem Hosenknopf,

Dem Famel Wagner N. 2,

Es sei!

Jetzt muß es anders gehen, weil es muß,

Denn jetzt bin ich dein Famulus!

Vorwärts mit mir durch Höllen=Qualm und Schwaben,

Mit mir, der Arm und Schenkel hat und Waden!

Fauſt.

Der Menſch iſt wacker, zuverläßig, ſtät,
Doch fehlt's ihm ziemlich an Humanität!

Gretchen.

Umarmet mich, mir iſt vor Freude weinrich!
Komm, Valentin, komm her, geliebter Heinrich!
Vergeben ſei dir, bald verklärter Buhle!

(Man hört eine Glocke läuten.)

Die Glocke ruft, jetzt geh in deine Schule!

Fünfter Auftritt.

(Verwandlung. Ein Schulzimmer. Es treten lärmend ein mit
Schulſäcken, Büchern

Dreißig ſelige Knaben.

Wie ſie nach und nach auf den Bänken Platz genommen haben,
ſteckt den Kopf zur Thüre herein:)

Mephiſtophèles.

Gut Morgen, holde Jugend, liebe Frazzen!

Knaben (jubelnd)

O ho! Der luſt'ge Kauz iſt wieder da!

Mephiſtohpeles (iſt eingetreten)

Heut ſetzt's wohl Tazzen?

Knaben.

Wie ſo, wie ſo? Er darf uns ja
Nichts thun, er darf nicht ſchlagen!

Mephiſtopheles.

Wollt ihr's mal recht drauf wagen?
Nun, ſagt mir doch, ihr allerliebſte Tocken,
Was denkt ihr heut' ihm wieder einzubrocken?

Karlchen.

Hier eine Kugel Pech, ich ſchmier's auf den Katheder.

Mephiſtopheles.

Auch gut, da klebt er feſt mit ſeines Sitztheils Leder.

Fritzchen.

Ich habe da Knallerbsen mitgebracht.

Mephistopheles.

Nun ja, ihr müßt sie auf den Boden streuen,
Daß, wenn er auftritt, es ergötzlich kracht;
Doch bin ich stets ein Freund vom Neuen.

(Zieht ein Schächtelchen aus der Tasche.)

Kommt her, ich hab' euch was!

Knaben (ihn umringend und drängend).

Ach wie, laß sehen, was ist das?

Mepistopheles.

Platz, süßer Pöbel, Platz!

(Hält Gustelchen die Schachtel an's Ohr.)

Horch' her, mein Schatz!
Hörst, Aeffchen, wie es krabbelt?
Wie's rutscht und schiebt und zappelt?

Gustelchen.

Ach, Maienkäfer!

Mephistopheles.

Ja, mein liebes Kind!
Ich haschte sie nur so geschwind
Heut Nacht, wie ich vom Blocksberg stieg herunter
Im Katzenjammer, doch noch ziemlich munter.
Ich dachte eben an die alte Zeit,
Da einst der Göthe, aus Verlegenheit,
Wie er sein Drama weiter führen sollte,
Mit uns hinauf zum Zauberberge trollte,
Um etlichen von seinen Epigrammen,
Wie sie der Wind geweht zusammen,
Für die er keine Unterkunft
Gewußt, bei unsrer Hexenzunft
Ein Plätzchen zu besorgen.
Da hört' ich denn die Käfer gegen Morgen;
Sie summten fröhlich ihre Frühlingslieder,
Es spukte wohl selbst durch die Käferglieder

Die herrliche Walpurgisnacht —
Blitz, wer hat aufgemacht?

(Fritzchen hat die Schachtel geöffnet, die Käfer fliegen herum.)

Knaben.

Der Fritz! der Fritz!

Mephistopheles.

(Gibt ihm eine Ohrfeige.)

Da hast du was für deinen Wunderfitz!

(Beschwörend, die Schachtel hinhaltend, die er Fritzchen genommen.)

Der Herr der Käfer, Wanzen, Schwaben,

Der Spinnen, Milben, Motten, Schaben,

Der Schlangen, Kröten, Krokodille,

Vampyre, Molche, Armadille,

Der Herr der Würmer und Lacerten,

Der Herr des Krebsgangs auf der Erden,

Er schickt euch das Verhängniß:

Zurück in das Gefängniß!

(Die Käfer fliegen in die Schachtel.)

Mephistopheles

(zu Gustel, der sich des Deckels bemächtigt hat)

Klapp zu! Klapp zu!

So, jetzt ist Ruh.

Da nimm's, und wenn der Lehrer ist im Zug,

Mach auf und laß den Thierchen ihren Flug!

Doch halt, jetzt fällt mir noch ein Stückchen ein,

Ich denke, das soll lustig sein!

Langt vom Katheder mir den Stecken!

Fritzchen, Karlchen

(ihn holend und bringend)

Was mag er wohl bezwecken?

Mephistopheles

(ihn nehmend, ein Messerchen ziehend, am Stecken mit Schneiden
beschäftigt)

Wir ringeln ihn.

Knaben.

Was ist denn das?

Mephistopheles.

Sancta Simplicitas!

Wie, ihr, in allen Bubenstreichen

Zu Lehrers Qual bewandert sondergleichen,

Ihr wißt vom Steckenringeln nichts? Schaut her!

Ich nehm' ihn, schneid' hinein, doch nicht ganz queer,

Auch nicht bis in des Markes Mitte;

Aufsteigend in Spirale mit dem Schnitte,

Ganz fein, daß man ihn ja nicht sieht,

Richt' ich den Stab so her, daß, wenn der Meister

Nun doch einmal vom Leder zieht,

Der Herrscherstab ihm in der Hand zerbricht,

Die obere Hälft' ihm schnellet in's Gesicht.

Fritzchen.

Ach was, er darf ja nicht!

Mephistopheles.

Dafür sorgt ihr, daß ihn des Zornes Geister

Noch übernehmen!

Knaben.

Recht, das ist famos!

(Man hört Schritte.)

Mephistopheles.

Er kommt! An euern Platz! Dann frisch drauf los

Mit allen euren Teufelein!

Den Stecken schnell hinein!

(Knaben legen den Stecken in das Katheberpult, Alle ordnen
sich schnell, Mephistopheles verschwindet.)

~~~~~~~

Sechster Auftritt.

Faust (tritt ein).

Es ist so schwül und dumpfig hie,

Daß es den Athem mir bedrückt!

Ihr habt wohl, sel'ge Knaben-Colonie,

Mir wiederum die Luft verdickt?

(Oeffnet ein Fenster, sitzt auf den Katheder.)

Wir kommen also heut' an den Homunkel;

Nicht leicht ist's, heute gebt besonders Acht!

— Was gibts? Was hör' ich da für ein Gemunkel?

(Vom Katheder herabeilend.)

Wer scharrt, wer schwatzt, wer hustet, kichert, lacht?

Knaben (durcheinander)

Der Fritzchen, Karlchen, Gustelchen u. s. w. hat's

gethan.

(Während dieser Verwirrung schleicht Karlchen auf den Katheder
und schmiert das Pech auf den Sitz.)

Faust.

Die Koboldrotte seh' mir Einer an!

Mir reißt am Ende doch noch die Geduld!

Heraus damit! Wer hat die Schuld?

(Er tritt auf eine Knallerbse, sie kracht, er rutscht, fällt; allge=
meines Kichern, Lachen.)

Das ist zu viel! Jetzt greif ich nach der Waffe!

Ha zittre, dunkler Thäter, frecher Laffe!

(Schreitet zum Katheder, ergreift den Stecken, hält aber plötz=
lich still.)

Wie ist mir? Welche sanfte Friedensstimme,
Die mich ermahnet, abzustehen vom Grimme!
Geist Gretchens, ja du schwebest um mich her,
Du fächelst mich mit deiner Demuth Flügel
Und lispelst englisch: Heinrich, sei kein Bär,
Bezwinge dich, verzichte auf die Prügel!

(Er legt den Stecken weg.)

Gesang unsichtbarer guter Geister.

Glücklich erstanden!
Selig der Sterbsliche,
Welcher die herbsliche,
Beinah verderbsliche,
Heil doch erwerbsliche,
Knallende, erbsliche,
Erbsliche, knallende,
Rutschende, fallende
Prüfung bestanden!

Fauſt.

Jetzt merk',

O Schaar,

Gieb Acht auf's Haar!

Jetzt gehts an's Werk!

Der Gegenstand ist schwer und dunkel!

Es geht jetzt, wie gesagt, an den Homunkel!

(Ablesend aus einem Manuscript.)

Der Homunkulus, das von meinem früheren
Famulus Wagner auf chemischem Wege verfertigte
Menschlein, ist einerseits die geistlose Gelehrsamkeit,
welche Schätze des Wissens zwar sammelt, aber nicht
in lebendigen geistigen Besitz zu verwandeln weiß,
andererseits aber ebensosehr das besonnene, in selbst=
bewußter Kraft ahnungsvoll nach dem idealen Schö=
nen hingerichtete Streben, die Liebe zum Schönen,
die dem Menschen voranleuchten muß, wenn er
das Land der Schönheit suchen und finden soll;
übrigens endlich, da seine Phiole am Muschelwagen
der Galatea zerbricht —

Doch nein, der Rest sei aufgeschoben!

Jetzt will ich sehen, ob ich euch kann loben,

Jetzt wird behört. Nun, Karlchen, sag' —

 (Er will aufstehen, fühlt, daß er anklebt, reißt sich los.)

Das Wetter schlag' —!

Was hält mich da?

Hier pappt es ja!

Was hält, was sperrt?

Was reißt, was zerrt?

Ha! das ist Pech!

O, blutig zahlt der Thäter mir die Zech'!

(Eilt vom Katheder unter die Knaben; man bemerkt, daß ein
Theil seines Beinkleids etwas mangelhaft geworden.)

Wer hat's gethan? Ihm nahet das Gericht!

Knaben.

Ich nicht — ich nicht — ich nicht — ich nicht —

Faust.

Ha, Lügenbrut! Ha, marternde, quälige,
Obwohl bereits selige
Lausbubenrotte! Ja, ob auch die Fackel

Der Furien mir jetzt zur Hölle leuchte,

Den Missethäter bring ich noch zur Beichte!

Es sei! Es sei! Ich schreite nun zum Backel!

Gespannt ist jeder Nerv zu Schreckensthaten!

Vom Ersten fang' ich an und haue fort

Mit furchtbar'm Hieb von Ort zu Ort,

Bis mir der Schuld'ge wird verrathen!

(Geht entschloßen zu dem Katheder, ergreift den Stecken, steht
plötzlich still.)

Wär's abgethan, so wie's gethan ist, dann wär's gut,

Man thät' es eilig: — wenn der Prügelschlag

Aussperren könnt' aus seinem Netz die Folgen

Und nur Befried'gung aus der Tiefe zieh'n, —

Daß mit dem Hieb, einmal für immer, Alles

Sich abgeschlossen hätte — hier nur hier —

Auf dieser Schülerbank der Gegenwart,

So setz' ich weg mich über's künft'ge Leben. —

(Die Thür wird leise halb geöffnet, Gretchen wird sichtbar.)

Gretchen (flüsternd).

Enthalte dich auch jetzo von dem Wilden

Und suche vielmehr wahrhaft dich zu bilden,
Wenn wilde Bären unter Menschen laufen,
Da muß der Fühlende entsetzlich schnaufen.
Ergieb Dich ganz humanitar'schen Zwecken
Und laß im Schubfach den barbar'schen Stecken!

(Zieht die Thüre wieder zu, ab.)

Faust.

O Engelstimme, sei gesegnet mir!
Ja du hast Recht! Ich habe keinen Stachel
Als einzig Zornmuth, die zum Aufschwung eilt,
Sich überschlägt und in die Patsche fällt.

Gesang unsichtbarer guter Geister.

Glücklich erstanden!
Selig der Sterbliche,
Welcher die pappiche,
Sitzlebergerbliche,
Hinterwärts färbliche,
Schmierige, tappiche,
Klebrige, schnappiche

Hofen=abklappiche
Prüfung bestanden!

Fauſt.

Jetzt aber wieder zum Homunkel!
Jetzt ohne weiteres Geflunkel,
Sag, Fritzchen, was iſt alſo der Homunkel?

Fritzchen.

Der Homunkel iſt für's Erſte überhaupt —
Er iſt, — iſt —

Fauſt.

Nun — wie man mehrſtentheils glaubt —
Er iſt — (für ſich) der Tauſend auch! könnt' ich nur ſeh'n
In's Manuſcript, aus etwa zehn
Commentatoren hab' ich's abgeſchrieben —
Er iſt — iſt nämlich — halt, wo ſind wir ſtehn
                              geblieben?
Er iſt, wenn man's beſieht beim Licht —

Fritzchen.

Erlaubt, mir scheint, ihr wißt es selber nicht,
Drum lasset mich in Ruh'!

Faust (für sich)

Du ahnungsvoller Schlingel, du!
(Besteigt den Katheder, sieht in das Manuscript.)

Ja gut, zuerst folgt noch der Rest der Defi=
nition: der Homunkulus ist nämlich außerdem, daß
er theils die trockene Gelehrsamkeit, theils die Liebe
zum ideal Schönen ist, zugleich eine äußerst tief=
sinnige Anspielung auf den Bulcanismus. Indem
er nämlich am Muschelwagen der Galatea —
(Maienkäfer summen)
Welch' tiefes Summen, welch' ein dumpfer Ton
Stopft mit Gewalt das Wort in meinem Munde?
Verkündigen die Maienkäfer schon
Des lauen Frühlings Wonnestunde?
(Mehr Maienkäfer summen)
Was sucht ihr, mächtig und gelind,

Ihr Brumseltöne mich im Schulenstaube?

Klingt dort umher, wo freie Menschen sind —

(Noch mehr Maienkäfer summen.)

Des Sumselns hör' ich mehr — Wie! was! mir

scheint —, ich glaube —

(Gekicher. Ein Maikäfer sitzt Faust auf die Nase. Stärkeres
Gekicher.)

Das Bubenpack

Zum Schabernak

Ließ frevelnd los das käsrige Gefieder —

Die Aber schwillt — die Zornwuth hat mich wieder —

(Er stürzt vom Katheder herab unter die Knaben, findet nach
längeren Schwierigkeiten bei Gustelchen die Schachtel, reißt ihn
am Wamskragen zum Katheder.)

Was ist die Himmelsfreude mit gebundnen Armen?

Jetzt soll der Stab in meiner Hand erwarmen!

Hilf, Teufel, mir die Wuth verkürzen!

Was muß gescheh'n, mag's gleich gescheh'n!

Mag dein Geschick auf mein's zusammenstürzen

Und du mit mir zu Grunde gehn!

In Todesmuth will ich zum Stecken greifen,

Der Schläge fünf und zwanzig auf den Sitz dir
häufen,
Zum Globus den geschwollnen dir erweitern
Und wie du selbst am End' auch ich zerscheitern!

(Er ergreift den Stecken, schwingt ihn, während er mit der
Linken Gustelchen die Hosen spannt; der Stecken zerbricht, das
obere Stück fliegt ihm an den Kopf; wieherndes Gelächter der
Knaben.)

Faust.

Ha! dießmal hat der schlimmste Bubenstreich
Gerettet mich just aus der Hölle Rachen!
Vernunft kehrt wieder; lacht ihr Buben gleich,
Der Teufel, der's euch rieth, wird schwerlich lachen.

Mephistopheles

(im Hintergrund, nur dem Zuschauer sichtbar, hinter dem Ohr
kratzend.)

O dießmal war ich sonder Zweifel
Ein dummer Teufel,
Die Patsche hab' ich selbst mir' angerichtet,

Durch Steckens Ringlung meinen Sieg vernichtet;
Ich Esel habe ich nicht bedacht,
Daß allzuscharf nur schartig macht!
Von Neuem wird mirs klar, ich bin die Kraft,
Die stets das Böse will und stets das Gute schafft.

Gesang unsichtbarer guter Geister.

Selig der Lehrende,
Dichtung=erklärende,
Knaben behörende,
Der die beschwerende,
Aergerlich störende,
Käferlich brummende,
Schläferlich summende,
Lüftedurchirrende,
Nasebeschwirrende,
Krabbliche,
Fabbliche,
Schwappliche,
Zappliche,

Prüfung zwar nicht so ganz,

Wenigstens nicht mit Glanz,

Immerhin unterdeß

Doch noch in Folge des

Rundschnittumzingelten,

Steckengeringelten,

Bubengeschlingelten

Streiches bestanden.

(Die Knaben weinen gerührt, Gretchen tritt herein: Umarmung.
Hinter der Gruppe Mephistopheles, immer noch hinter dem Ohre
kratzend.)

Zweiter Act.

Erster Auftritt.

(Zimmer wie im ersten Auftritt des ersten Acts. Faust eben
niedersitzend am Tisch, den Gretchen deckt.)

Faust.

Das wäre durchgeschwitzt!

Doch was kommt itzt?

Die Ruhepause dauert wohl nicht lange;

Wie ist mir vor der dritten Prüfung bange!

Die beiden ersten kannten wir, sie ist noch dunkel,

Hängt noch verschleiert an der Parzen Kunkel.

Gretchen (eine Flasche und eine Schüssel aufstellend).

Nun sammle Kraft in unsrer stillen Hütte

Zum neuen, schweren Schritte;
Erhole Dich, vergiß!
Da — trink und iß!

Fauſt.

Was iſt denn das? Nicht Milch, nicht wilder Honig; —
Iſt es wohl Wein? Ich hoff', er iſt nicht konig —
Und in der Schüſſel, wie? Heuſchrecken ſind es nicht.

Gretchen.

Bratwürſte! Sieh das köſtliche Gericht!
Durch ein beſonderes Decret,
Heut Morgen mir in Gnaden abgereicht,
Iſt heute dir verbeſſert die Diät,
Daß nicht die Kraft zum neuen Gang Dir weicht.
Der Trank jedoch iſt reiner Apfelwein.

Fauſt (zugreifend).

Nun, es mag ſein!
Ach wie das ſchmeckt,

Die abgestumpften Lebensgeister weckt!
Da nimm, halt mit, stoß an!

Gretchen.

Glück auf zum Schluß der langen Pilgerbahn!
(Sie essen und trinken. Es donnert;)

Eine furchtbare Stimme.

Du, Doctor Heinrich Faust!
Es ist genug geschmaust!

Vernimm

Die Stimm':

Jetzt reicht das Schicksal dir noch einen Bittern:
Noch einmal sollst hinab du zu den Müttern!
(Pause.)

Gretchen.

Bleib aufrecht, Faust! Wie ist dir? Schaudert's dich!

Faust.

Die Mütter! Mütter! 's klingt so wunderlich!

Die Mütter! 's trifft mich immer wie ein Schlag,
Das Schreckenswort, das ich nicht hören mag.

(Neuer, gedämpfterer Donner.)

Stimme (etwas milder).

Zu deiner Hülfe soll der Valentin
Hinab mit dir, du Hosenmacher, zieh'n!

~~~~~~~

Zweiter Auftritt.

Valentin (tritt ein, den Degen an der Seite, einen großen Prügel in der einen Hand, einen alten Schlüßel in der andern).

Habt ihr's gehört? Ich weiß es schon!
Mach dich bereit, du armer Aengste-Sohn!
Der Mephistophel — wie viel lieber
Hätt' ich dem Kerl so einen Nasenstüber
Wie den von damals applicirt,
Als er dich hatte fast magnetisirt!
Doch eine Stimme sagte mir von oben,
Zur dritten beiner Geistesproben

Sei's nöthig, — kurz der kalte Wütherich

Er gab mir da den rost'gen Dieterich

Und sprach: der führt zu einer Thür,

Die findet ihr

Nach kurzem Niedersteigen im Geschoß

Der Erde, fest verriegelt und das Schloß

Verrostet; steckt ihn ein und drückt und dreht,

Mit Aechzen geht

Der Riegel auf, ihr seht

Nun einen Sitz —

Faust.

Ha! räthselhafter Mystagog!

Der wunderbare Dreifuß ist's,

Ich kenne von dem ersten Gang ihn noch.

Valentin.

Ja geben wird es viel des Mists,

Ich, aber, sag' ich dir, ich bin kein Gog,

Verbitte mir's. Kurz einen Sitz von Holz und rund,

In seiner Mitte gähnt ein Loch

Schwarz wie der Hölle Mund.

Das führt euch in den tiefsten Grund

Der Unterwelt; ihr schlüpft in seinen Bauch

Und rutscht hinab durch einen engen Schlauch:

Ein Weg ist's und kein Weg,

Ein Steg und auch kein Steg;

Er führt euch grausend in das Unbetretne,

In's ewig Unerbetne,

Von Sterblichen nur ungern Ausgetretne,

Dann immer tiefer in des Hades Ritzen,

Die sich erweitern zu den styg'schen Pfützen,

Wo schauerlich die Mütter sitzen,

An Lebens Urstrumpf strickend schwitzen, —

Er sprach so etwas, halt, wie hieß es nur —

Fauſt.

Umſchwebt von Bildern aller Creatur,

Urtypen der erzeugenden Natur,

Lebens Phantom, Geſtaltung, Umgeſtaltung,

Des ew'gen Sinnes ew'ge Unterhaltung,
Origo omnium formarum —

Valentin.

Ja, ja! So Lirum Larum.

Faust.

Mir krümmt das Herz sich vor der Schauberqual;
Weißt was? Ich bleib! Ich wag's nicht noch einmal.

Valentin.

(Nimmt eine entschieden gebietende Attitüde mit dem Schlüßel.)

Jetzt werd' ich gröber als der bayr'sche Hiesel!
Hast Du vor Feigheit abermals den Pfniesel?
Willst oder nicht? Ich stoße Dir den Schlüßel
Gleich auf die Schnauze, auf den bleichen Rüßel!

Faust.

Es sei! Ich folge. Gretchen, lebe wohl!
Jetzt geht's hinunter in das grause Hohl!

Gretchen.

Zieh kühn hinab in's dunkle Reich der Mütter!
Bald grüß' ich dich als siegekrönten Ritter.
Du aber, Valentin, sei etwas minder grob,
Dann ärndtest du der Schwester zärtlich Lob.

Valentin.

Ich bin halt, wie ich bin, ich mein' es nicht so böse.
Soll der da vorwärts geh'n, so braucht es eben Stöße.

Dritter Auftritt.

(Aufenthalt der Mütter in einem Raum außerhalb des Raums.

Es stinkt.

Drei Mütter trinken Caffee und sind zugleich beschäftigt, Figuren
zusammenzunähen und auszustopfen.)

Mutter A.

Theils sind wir wesenhaft,
Theils jedoch nicht,

Herenhaft, besenhaft,
Wahrheit, Gedicht!
Tief in der Erde Schooß,
Also im Raum,
Doch zugleich körperlos,
Geistiger Schaum,
Außer der Zeit Gesetz,
Dennoch zur Stund' anjetz
Thronen wir plauderbar,
Grausamlich schauderbar,
Trinken Caffee,
　Juchhe!

Mutter B.

Und zugleich flicken wir,
Sitzend im Ring,
Leimen und sticken hier
Seltsames Ding.
Jegliches Wesens Form,
Das in der Welt,

Findet hier seine Norm,
Die sich verhält
Als sein schematisches,
Gleichsam thematisches
Urgebild, Urgestalt,
Zeugende Grundgewalt.
Trinket Caffee!

   Juchhe!

Mutter C.

Fragest du, was und wie
Dieses denn sei,
Halte dich nur an die
Philosophei!
Nimm deinen Plato her:
Reinesten Wein
In der Ideenlehr'
Schenkt er bir ein,
In der beschaulichen,
Mystischen, blaulichen,

Aeußerst erbaulichen,
Gruselich graulichen.
Trinket Caffee!
    Juchhe!

Mutter A.

Andre behaupten nun
Sinniglich grübelich,
Dieses geheime Thun
Interpretire sich
Richtiger, klarer aus
Dem Diodor,
Denn dieses alte Haus
— Bringen sie vor —
Melde beziehlichen,
Schwer zu erklärenden,
Mütter verehrenden
Cult auf Sizilichen.
Trinket Caffee!
    Juchhe!

Alle drei Mütter (sich anfassend, tanzend).

Uns ist die Conjectur

Uebrigens wurst,

Löscht der Caffee uns nur

Unseren Durst!

Göthe dort oben lacht

Des labor improbus,

Wenn euch der Zahn erkracht

Ueber der harten Nuß!

Drehet und windet euch,

Zanket euch, schindet euch,

Schreibet und schnörkelet,

Firgelet, nörgelet —

Hoch der Caffee!

Juchhe!

(Ausgelassener höllischer Fandango. Schauderhaftes Gelächter.
Es klopft an der Thür.)

Mutter A.

Wer ist der Unberufne, der an dieses Thor,

Um welches rings ein schauerlich Geheimniß weht,
Mit ungeweihter, frevler Hand zu rühren wagt?

Mephistopheles (außen).

O ho, ihr Mütterchen, o ho!
Stellt euch nicht so!
Nur schnell geöffnet ohne viel Geflunker!

Die drei Mütter.

Herr Je, Herr Je, der Herr ist da, der Junker!
(Oeffnen eilig.)

Vierter Auftritt.

Mephistopheles (eintretend).

Guten Abend! Guten Abend!

Die drei Mütter (ihn umtanzend).

O wie herrlich! O wie labend!
Grüßet ihn mit Jubelruf,

Ihn, den Meister,
Der die Geister
Mächtig aus dem Nichts erschuf!

Mephistopheles.

Ich seh', es gibt Caffee, ihr lieben Schätzchen,
Ihr gönnt mir wohl ein Schälchen und ein Plätzchen?

Die drei Mütter

(durcheinander, einen Stuhl setzend, einladend, Caffee einschenkend).

Da sitzt, da trinkt und laßt's euch schmecken!

Mephistopheles (ein Cigarren=Etuis ziehend).

Ist es erlaubt wohl, eine anzustecken?

Mutter A.

Wir können's wohl vertragen, riechen's gern.

Mephistopheles.

Zündhölzchen sind nicht fern;
Ich führe sie zum Glück

Aus eigener Fabrik.

(Reibt, steckt an, nimmt einen Schluck Caffee. Für sich — :)

Puh! Puh! Die gelben Rüben schmecken raus,
Man kann dazu das Rauchen
Vom höllischen Havannah=Wenzislaus
Wahrhaftig brauchen.

(Es stinkt stärker.)

Mutter A.

Nun saget an, was gibt's denn Neu's jetzunder?

Mephistopheles (behaglich im Stuhle sich behnend).

Nun ja, der Faust kommt wieder runter.

Mutter A.

Was sagt Ihr? Der, um dessentwillen wir —

Mephistopheles.

Um dessentwillen ihr von mir,
Da es bedurfte schnellen, neuen Raths,

Seid aus dem Chaos, aus des Ursalats

Nicht angemachtem Theil herausgezwickt,

Herausgeklaubt, geschustert und geflickt.

Ihr wißt, ihr holden Grazien, wie mein Zauberstab

Euch seiner Zeit das Leben gab

Und euch sodann von meiner Schöpferkraft,

Die Scheingeburten, Schatten, Schemen schafft,

Ein Theil vererbte, um den närrischen Jungen,

Den Zögling Faust, nachdem mir's nicht gelungen,

Ihn in der Wollust Schlamme zu versumpfen,

Nunmehr in dem Absurden zu verdumpfen.

Es galt, den regen Geist in ihm zu tödten;

Im höchst Langweiligen, im blöden

Respect vor faden Zopf-Allegorien,

Wollt' ich ihn ganz in's Schaale niederzieh'n,

Ich wollt' im grünblich Oeden

Ihn ganz versimpeln. Ach, da kam die Scheere

Des Schicksalschlusses arg mir in die Queere!

Die Luft der Politik, die herbe, frische,

Nahm ihn am Wische,

Rieß ihn empor aus unsern Netzen;

Er eilte, sich ein großes Ziel zu setzen,

Das sogenannte Volkswohl! Dummes Wort!

Doch schlimm für mich! Er schlüpft mir eben fort!

Zwar noch einmal sucht' ich ihn dran zu kriegen;

Ich war der Dämon,

Der an Philemon

Und Baucis hieß Gewaltthat ihn verfügen.

Allein es half mich nichts, dieweil das alte Paar

Vom längst erfindungslosen

Poeten in der Noth aus den Metamorphosen

Ovidii gepumpet war.

Schlägt man nur Plagiate todt,

Auf solche That nicht Strafe droht.

Dann aber, dann kam ein Moment,

Darob mich heut noch wilder Aerger brennt.

Mein Doctor Faustus rennt

Sich fest in Zukunft=Freiheits=Schwärmerei'n,

Dem Stundenzeiger ruft er zu: „Halt ein!

Im Vorgefühl von solchem hohen Glück

Genieß ich jetzt den höchsten Augenblick."
Da fällt er ex abrupto nur so um
Mausstodt, und ich, ich war nicht dumm —
Ach nein — ich war's — war's nachher — schweig,
o Zunge —
Ich armer, unerfahrner Junge! —
Da haben Listerfinderlich
Die Engelknaben hinterlich
Mich angeführt —
Ach ja, ich habe schändlich mich blamirt!

Mutter A.

O Armer! seht, er schämt sich! Purpurröthe
Kämpft mit dem Schwefelgelb; ein rein Orange
Entsteht aus der chromatischen Melange,
Und daran reiht sich, — schau, wie ist das nett! —
Ergänzungsfarbe Blau und Violett!
O sieh dieß Schauspiel an, verklärter Göthe!
Wir möchten gern das Farbenphänomen
Im zweiten Theil des Faust verwendet seh'n;

Es stehet dort so viel von Mineralogie,
Der Farbenlehre nur gedenkest du fast nie!

Mephistopheles (gesammelt)

Jedoch ich habe nachher mich gewehrt!
Mit würb'gem Nachdruck macht' ich geltend,
Zu leicht sei ihm die Seligkeit bescheert;
Wie? rief ich edel zürnend, sittlich scheltend,
Der Mensch hat ja im Grunde nichts gethan,
Und dafür langt er nun im Himmel an?
Und so erreicht' ich, daß dort oben
Verhänget wurden noch drei strenge Proben,
Davon er zwei nun leiblich hat bestanden;
Die dritte macht ihn hoffentlich zu Schanden:
Herunter soll er in die Geisterhöhle;
Bestürmt mit Schauern seine Seele,
Ihm soll der Schreck das dünne Blut entfärben,
Den Tod der Feigheit soll er schmählich sterben!
Kurzum, so wahr ich bin der Mephistophel:
Er muß mir doch noch unter den Pantoffel.

Die drei Mütter (durcheinander)

Was aber thun wir? Satan! Edler Vetter!

Gib Rath, sag' an, sprich, hilf, potz Donnerwetter!

Zwar haben wir noch da

Im Magazin die Helena,

Auch den Herrn Sohn

Euphorion,

Dazu den ganzen tragischen Mädel=Chor,

Allein der alte Kram hält nicht mehr vor,

Er hat's verschmeckt,

Hat halb entdeckt,

Was hinter diesen Lappen steckt.

Mephistopheles.

Gebt her, bringt Leinwand, Pappe, Werg und Haar

Und andres Zubehör von Lumpenwaar,

Wir machen jetzo einen strohlichen,

Im höchsten Grad bedrohlichen

Popanz, Knecht Ruprecht, sündlichen Wauwau.

(Die drei Mütter bringen das Verlangte herbei. Mephistopheles
fängt an zu arbeiten.)

5

Die drei Mütter.

Was gibt's? Ei, ei, schau, schau!

Mephistopheles

(flüstert während der Arbeit unverständliche Worte. Spannende stille Thätigkeit unter Beihülfe der Mütter; er zieht dann eine Büchse aus der Tasche und gießt etwas aus ihr in das Füllsel der Figur).

Den Klebestoff, den zähen Teufelsleim
Aus höllischem Drachenfett gekochten Seim
Gieß' ich nunmehr aus dieser Büchse
Zu festerm Halt ins Lumpenwerk hinein.

(Gießt ein.)

Mutter A.

So, so, nun wird's solide sein.

Mephistopheles.

Jetzt dort vom Unschlitthafen etwas Wichse!

(wird ihm gereicht)

Daß ich den Schnauzbart kräus'le fein,

Denn ausgedreht in zwei sublime Spitzen
Muß er gleich einem Rattenschwanze sitzen.

(Es geschieht. Man hört Schritte.)

Schnell, schnell mit ihm hinein in's Magazin!
Dort bei dem Puppenkram verberget ihn!

Valentin (außen)

Wir sind zur Stelle! Jetzt beginnt der Tanz!

Faust (außen)

O Valentin, wie fühl' ich Haut der Gans!

(Derbes Klopfen.)

Mutter A.

Wer ist der Unberufne, der an dieses Thor,
Um welches rings ein schauerlich Geheimniß weht,
Mit ungeweihter, frevler Hand zu rühren wagt?

Valentin (außen)

Macht auf, ihr alten Schachteln,
Sonst gibt es Dachteln!

Mutter A.

Wagt es, euch einzubrängen in dieß Heiligthum,
So werfen Schauer, tödtliche, zu Boden euch,
Dem Jüngling gleich zu Sais, der den Schleier zog —

Faust (außen)

Ach Valentin, wir wollen höflich bitten,
Wir richten's eher mit bescheidnen Sitten!

Valentin (außen)

Man wird wohl noch lang betteln!
Macht auf, ihr Betteln!

Die drei Mütter.

Uhu! Schuhu! Uhu! Schuhu!

Mephistopheles.

Der wird euch nicht lang Complimente machen!
Ich, meiner Order folgend, gehe jetzt;

Verbergt euch erst; es sind nun eure Sachen,

Daß klüglich ihr das Ein' auf's Andre setzt;

Den Mädelchor sperrt ein, denn statt zu schaden,

Macht er nur Spaß den beiden Kameraden.

(Gewaltige Schläge an die Thüre; die Mütter eilen in das
Seitengemach, die Thüre stürzt ein.)

Fünfter Auftritt.

(Faust und Valentin mit Degen und Prügel treten ein; Mephistopheles hat sich knapp an den Thürpfosten gestellt und schlüpft
unbemerkt hinter ihnen hinaus.)

Valentin (umschauend)

Leer ist das Nest!

Hier von Geschirr ein Rest:

Ach seht, hier wohnen alte Caffee-Basen!

Faust.

Vielmehr es scheinen mir etrur'sche Vasen!

Und sieh, ein brauner Saft darin:

Da steckt gewiß geheimnißvoller Sinn!
Ist's wohl von dem, den ich in jener Nacht der Schrecken
Nicht ausgetrunken?

Valentin.

Da liegen auch noch Wecken
Zum Tunken.

(Die Seitenthüre geht auf; Helena erscheint.)

Helena.

Erkennst du mich, o ritterlicher Faust, nicht mehr,
Mich Helena, mit der du einst im Liebesbund
Ineinsgeschlungen selig die Vereinigung
Von zweien Kunstprinzipien gestellet dar?
Du warst der Inhalt, das romantische Prinzip,
Ich aber das antike, war die schöne Form.
Nachdem sodann das süß prinzipielle Band
Die Frucht getragen der modernen Poesie
In ihrer ersten trunknen Uebersprudelung,
Da freilich mußt' ich lassen dich in tiefem Harm —

Fauſt.

Ach, theure Puppe!
Ich denke, ausgegeſſen iſt die Suppe!
Mir ſcheinet jetzo dieſes Bundes Feier,
Geſteh' ich's nur, langweilig ungeheuer.

Helena.

Treuloſer, hörſt du nicht der Liebe Stimme mehr,
Vielleicht ein Anblick rühret doch das Vaterherz —
(Oeffnet die Seitenthüre; Euphorion kommt mit großen Sprüngen
hereingehüpft.)

Euphorion.

Tralala, Tralala!
Ei, da iſt ja der Papa!
Tralirum, larum lei!
Das iſt moderne Poeſei!
Juchhei!
(Helena und Euphorion hängen ſich mit Umarmen und Zerren
an Fauſt.)

Fauſt.

Wie mich der Knirps umwuſelt!
Mir ſchwindelt, mir gruſelt,
Schon fühl' ich mich bebuſelt!

Valentin.

Sie zieh'n ihn gar noch in den Venusberg,
Zeit iſt's, zu gehn an's Unterſuchungswerk.
Am Weibsbild hier vernehm' ich ſeltſam Knarren,
Papiernes Kniſtern, Raſſeln, Schnarren.

(Er ſtellt ſeinen Prügel an die Wand, faßt Helena mit beiden
Händen am Schopf, ſie zerbricht von oben herab in zwei aus=
einanderfallende Stücke.)

Helena (im Zerbrechen mit ſchwindender Stimme)

Ein altes Wort bewährt ſich leider auch an mir:
Daß Draht und Kleiſter dauerhaft ſich nie vereint;
Zerriſſen iſt der Fädchen und der Rädchen Band,
Bindfaden bricht, Papier zerfällt in Fetzen ganz.
Bejammernd Solches ſag' ich ſchmerzlich Lebewohl

Und falle dir noch einmal weinend an die Brust,
Doch sterbend laß' ich meine Crinoline dir!

(Die zwei Stücke umarmen Faust, fallen dann auseinander und
in das unversehrte Gestell der Crinoline hinein, welches noch
schwingende Bewegungen macht.)

Valentin.

Hop, hop! Haha! Da liegt der Spaß!
Nun sieh doch her, mein Schaß:
Was tausend! Tröbelwerk von lauter Drähtchen,
Von Kurbeln, Stangen, Bügeln, Räbchen,
Verkrißeltes Papier, dazwischen Werg, mit Nähtchen
Der Ueberzug geflickt, mit tausend Fädchen!
Ganz blieb nur dieß verrückte Reifgestelle;
Da sieht man's recht: Plusmacherei der Hölle!

Faust (sieht stark übergebückt von oben in das Gestell hinein)

O dieser Wendung Tiefsinn ist enorm!
Es bleibet vom Antiken nur die Form!

(er fällt hinein und wirbelt, mit halbem Leib wieder heraus-
schauend, sammt dem Gestell im Kreise)

Valentin (ungeheuer lachend)

O luſt'ger Mummenſchanz!

(ihn ſtärker wirbelnd)

Komm, Doctorchen, Hop! Hop! Tanz'! Tanz'!

Euphorion (zerrt ihn am Rock)

Entheil'ge nicht,

Verwegner Wicht,

Mit plumpem Scherz ſymboliſches Geſicht,

Urtiefes Bild, bedeutſamſtes Gedicht!

Valentin.

Halt Lausbub, ungezogner Naſeweiß,

Verwöhnte Kröte du, am Hoſenpreiß

Erfaß ich dich —

Fauſt (aus dem Geſtell zuſchauend)

Ja gieb zu ſeinem Heil

Ihm eine Tracht auf den bewußten Theil

Der menſchlichen Perſönlichkeit,

Der stets, wie er sich wölbet rund und breit,

Am meisten ein Objekt ist der Erziehung,

Ein Ziel der pädagogischen Bemühung!

Valentin.

Du meinest wohl den A...?

Faust.

Natürlich! Sprich doch nicht so barsch!

Valentin.

Nun gut! Wir sind ja einig in der Sache!

Komm, kleiner Drache!

(Er schlägt den vergeblich Sträubenden und Schreienden mit der flachen Hand.)

Hei! Wie das patscht

Und klatscht!

Faust.

Der Mensch ist schrecklich drastisch!

Valentin.

Was Donnerwetter! Wie elaſtiſch
Fühlt ſich die ſtraffgeſpannte Wölbung an!
Mir ſcheint, von Kautſchuk iſt der kleine Mann!
Ich dacht' es doch, das tolle Hüpfen. Springen,
Es ging nicht zu mit rechten Dingen.
Komm, Fant, laß mich verſuchen!

(Er ſitzt ihm auf den Kopf, Euphorion ſchrumpft zuſammen.)

Ganz richtig, jetzo ſchrumpft er ein zum Kuchen!
Und laß' ich wieder etwas Luft —

(Die Figur quillt auf und drückt Valentin bei Seite.)

Ha! Ha! So ſchmeißt mich um der Schuft!
Sieh her nur, Fauſt, betracht' ihn näher jetzt,
Ein kleines Rätſchchen iſt ihm eingeſetzt
Als Stimm-Organ;
Komm, laß uns dran!

(Er nimmt den Prügel, ſchlägt auf die Figur, Fauſt ſteigt aus
dem Korbe, ſchlägt mit der Hand, ſie ſetzen unter großem Gelächter und Abſingung des Wechſelgeſangs: **Gummi arabicum**
— **Gummi elasticum** das Spiel fort, während die Figur,
ſpringend und fallend kreiſcht und quickt:

Aber Herr-Jeremie — so laßt mich doch — ich bin
ja die moderne Poesie — die tolle Sturm- und
Drangperiode — ich bin ja zugleich auch der Byron
— I am Lord Byron, the great poet — pray
you — let me quiet — Goddam!

Valentin.

Blitz! Was für Töne gurgeln an mein Ohr!
Die bringt der Mensch bei mir zu Land
Nicht mit dem Mund hervor.

Faust.

Das ist ja englisch, Ignorant!

(Sie treiben ihr Spiel fort. Euphorion quickt weiter:

Aber so laßt mich doch — ich will ja brav sein, —
übrigens schwärme ich ja als Byron außerdem auch
für Nationalitäten —

Ae! Ae! Ae!

(Während Faust und Valentin sich mit der Kautschukfigur immer
lustiger im Zimmer herumtreiben, ist unbemerkt die zuletzt verfertigte Gestalt eingetreten, gibt dem Valentin von hinten eine
ungeheure Ohrfeige, daß er seitwärts taumelt und in die Kniee
sinkt.)

Sechster Auftritt.

Gestalt.

Nun ist er zahm, der Lümmel!

Euphorion (noch springend)

Ae! Ae! Ae! Ae!

Gestalt (zu Faust, dem sie die Wange streichelt.)

Du liebe mich, l'empire c'est la paix.

Valentin (noch unfähig, sich aufzurichten.)

Das war ein Fall, als wie vom Himmel!
Faust, hilf mir, steh mir bei!
Den Kerl bezwingen wir zu zwei,
Getrennt erliegen wir dem starken Feind!

Gestalt

(den Faust mit der einen Hand streichelnd wie vorher, die andere
unvermerkt seiner Tasche nähernd.)

Halt du mit mir! der Mensch war nie dein Freund!
Gar Angenehmes thu' ich jetzt dir kund:

Für Zoll und Handel vortheilhaften Bund,

Und wenn du jetzo bald im Himmelreich

Gekrönet wirst

Als Geisterfürst

Von Gottes Gnaden,

Wenn du ergreifst vom Göttertisch das Scepter

Als nun erhöhter früherer Präcepter,

So schick' ich dir zur höhern Ehre gleich

Als Krönungsboten einen Pracht=Soldaten;

Er wird zu einem Himmelsschmauß dich laden,

Da sollen glänzen Millionen Lichter,

Feenhafter, als es je beschrieb ein Dichter,

Man wird im Himmel — so flott wird er ragen —

Nach seinem Schnitte sogar Hosen tragen,

Und wenn der Lümmel dort bedräuet dich,

Ich helfe dir, verlaß dich ganz auf mich!

(Hat dem Faust inzwischen seine Börse gestohlen.)

Faust (geschmeichelt, tänzelnd singt.)

Das klinget so herrlich, das klinget so schön.

Nie hat man so etwas gehört, noch gesehn!

Valentin (noch matt)

Fauſt, glaub ihm nicht, dem Hund!
Nur Lügen ſpricht ſein Mund!
Nimm du den Prügel da,

(er reicht ihm denſelben mühſam)

den Sabel

Behalt' ich ſelbſt, ſo ſind wir wohl capabel —

Fauſt.

Den Prügel halt' ich, aber ſchlage nicht,
Auf's Handeln nie, auf's Rüſten nur erpicht.
Mein Standpunkt iſt, mir ſolche Macht erſchaffen,
Um zu bezwingen eine Welt in Waffen,
Dann, ſo gepanzert, in Geduld mich ducken,
Daß ſelbſt ein Zwerg mir darf in's Antlitz ſpucken.
Die freie Hand behalt ich ſtets mir vor,
Wer ſich entſchließet, kommt in's Pech, der Thor;
Stets war der Mann ich der Intelligenz.

Valentin.

O Impotenz!
O ewig Wollen und nicht Können!

Faust.

Gerechte werden stets mich nennen
Den Denker!

Valentin.

O feiges, schwächliches Gestänker!
Doch halt' — ich habe daran nicht gedacht:
Im zweiten Theile schlugst du eine Schlacht.

Faust (lachend)

Ach, das war ja nur so gethan!
Die fictionären Brand= und Wassergüsse,
Sie waren, sah' man's etwas näher an,
Depeschen, Noten, Acten, Tintenflüße.
Der Feind auch war nur aus Papier gemacht,

6

Sonst hätt' er meiner Künste ja gelacht.
Kurzum ich bleibe steh'n, mein guter Sohn,
Bei der bewaffneten Mediation.

Valentin.

Ich bitte dich, belehret die Vernunft dich nicht,
Sieh doch dem Kobold näher in's Gesicht!
Ich sah einmal in meinem Vaterlande,
In einem Thal voll heilsam warmer Quellen,
Allwo, mit unsrem Abschaum in dem Bund,
Zu unsrer Schmach und ew'gen Affenschande
Ein Spielpankpächter sitzt, ein welscher Hund,
So eine Art zuchthäuslicher Gesellen.
Ich drückte mich — zuseh'n wollt' ich einmal —
Durch die pariser Huren in den Saal;
Mir ekelte, gar manche deutsche Frauen
Vermengt mit diesem Lauspack hier zu schauen,
Indeß den Mann der schnöde Kitzel jückte,
Zu seh'n, was an dem Schandtisch wohl ihm glückte:
Da sah ich Kerle, die mit feinen Krücken

Das Blutgeld so zusammenschäufelten,

Mit matten, überwachten Blicken

Es sonderten, vertheilten, häufelten:

Sieh, Faust, ganz so verschnurrt, verkohlt und stumpf,

So ausgesogen, so ein stiller Sumpf

Ist dieses Kerls verwittert Angesicht,

So ausgebrannt stiehlt sich ein müdes Licht

Aus seinen eingezwickten Lidern!

Faust.

Die groupiers meint er; seht den Guten, Biedern,

Er kennt sogar den Namen nicht!

Gestalt.

So laß den plumpen, rohen Strolch doch ganz,

Tritt mit mir an vereinten Ländlertanz!

Faust.

Es ist auch wahr, der Mensch war immer grob.

Gestalt.

Dir aber spend' ich edler Bildung Lob.

Fauſt.

Du, weil du dicker, willſt der Erſte ſein.

Valentin.

Du auch, und biſt ſo ſchmächtig nur und klein.

Fauſt.

Du riechſt zu ſehr nach dumpfem Mittelalter.

Valentin.

Wohlweiſer Schulfuchs, den verlach' ich halter.

Fauſt.

Halb wild biſt du, ein Türke, ein Barbar.

Valentin.

Und du ein Schneider, aller Raçe baar.

Fauſt.

Du biſt nicht in den Himmel eingeladen

Mit beinen fremb auslänb'schen Kameraben,
Landsknechtischen Panburen unb Kroaten.

Valentin.

Die finb zu mehr gut, als zu Wachparaben.

Fauſt.

Das Schwert haſt bu mir auf bie Bruſt geſetzt.

Valentin.

Unb bu mir bann ben tück'schen Stoß verſetzt.

Fauſt.

Soll ich denn ſchlagen, ſchlag' ich lieber b i ch !

Valentin.

Winbbeutel, komm, verſuch's unb zwinge mich!

(Sie gehen aufeinanber los. In biefem Augenblick verſetzt bie
Geſtalt bem Fauſt eine ungemeine Ohrfeige, baß er auf bie
Naſe fällt.)

Fauſt.

Ach, ach, mein Arm, — mein Bein, — mein Kopf!

Valentin.

Da haſt du's nun! Da iſt der Trumpf!

Du weiſer Mann, wo iſt nun dein Triumph?

Und doch — und doch — jetzt dauert mich der Tropf.

(Valentin, der inzwiſchen nach und nach wieder zu Kräften ge=
kommen, ſtößt die Geſtalt, die ſich über den gefallenen Fauſt her=
machen will, bei Seite und hilft ihm auf die Beine.)

Komm, komm! Wir waren beide Sünder,

Du, armer Fauſt, und ich nicht minder!

Wie ſteht's?

Fauſt.

Ich fühle wieder Kraft!

Valentin.

Jetzt ſchnell zuſammen dich gerafft!

Du mit dem Prügel, ich mit meinem Degen,

So laß uns kämpfen mit vereinten Schlägen!

(Fauſt ermannt ſich gewaltſam, ſie bringen eng geſchloſſen auf die
Geſtalt ein.)

Geſtalt

(ſucht ſie durch dämoniſche Seitenſprünge, Zupfen, Locken, Zwicken
und Zerren zu trennen.)

L'un après l'autre!

Valentin.

Selbſt! Selbſt! Du ſelber biſt der Lotter!

Jetzt hilft kein Necken mehr und wälſch Geſtotter!

Fauſt, halte feſt, nur unverdroſſen!

Die engſte Fühlung! Mann an Mann geſchloſſen!

Schlag zu! Schlag zu! Verwinde deine Schmerzen!

Du hauest nach dem Kopf, ich ſtoße nach dem
Herzen!

(Nach kurzem Kampf ſitzt der Hieb und der Stoß.)

Geſtalt.

Hélas! je suis perdu!

(zerfällt in Fetzen, die Essenz, die Mephistopheles eingegossen,
fließt umher;

Es stinkt auf's Stärkste.)

Valentin.

Pfui Teufel! Schau hierher, in lauter Brüh'
Löst er sich auf, die stinkt, so stank's noch nie!

Faust.

Nach Pech und Schwefel, cremor tartari!
Es wirft mich fast.

Valentin.

Ganz wie verstunkne Eier!
Komm her, wir zünden's an, es weicht der Stank
im Feuer.

(während er Feuer macht)

Beim Blitz, mein Faust, du hast dich brav gehalten
Im schweren Kampf!

Faust (ihn betrachtend)

Sah ich dich walten

Mit deinem Degen gleich der Todes-Sichel,

Mir war es fast, ich säh den deutschen Michel.

(Wie der Galert angezündet ist, verzehrt das Feuer schnell die
Ueberbleibsel der Gestalt, auch Euphorion, der am Boden liegen
geblieben, und frißt dann drohend um sich.)

Faust.

Das Feuer frißt umher, brennt lichterloh!

Valentin.

Bald brennen wir! He! Feuerjoh!
(Die Seitenthür springt auf, heraus stürzen)

Die Mütter.

Hu! Hu! Wittohu! Schuhu! Hu! Hu!

Jetzt fasset, Missethäter, euch der Rache Strahl!

Wir tunken euch noch tiefer in die Gluthen ein,

Wir selber unverbrennbar, ewig, wie Asbest!

Faust.

O diese fürcht ich! Grauses Rache-Fest!

Valentin.

Die thun uns nichts, ich fürchte nur die Flammen!
Die alten Luder hauen wir zusammen.
Du hast mit mir den Höllenmolch erschlagen,
Du wirst vor diesen Vetteln doch nicht zagen!
Noch einmal angeschlossen! Ziele wacker!
Wir haun in Fetzen die verfluchten Racker!

(Schlägt mit dem Degen, Faust, der sich ermuthigt, mit dem
Prügel ein, die Mütter lösen sich in Tinte auf, die Tinte löscht
das Feuer.)

Valentin (stark lachend)

Haha! da siehst du nun die Lügenfinte!
Sie seien ewig? Siehe, sie sind Tinte!

Faust.

Wir aber aus der Tinte!
Es zischt
Der Gischt
Das Feuer lischt.

Man hat schon länger einen Lärm von zankenden weiblichen
Stimmen im Seitengemach vernommen, plötzlich geht die Thüre
auf und strömt heraus der Jungfrauen=Chor der Helena, be=
(stehend aus gefangenen Trojanerinnen. Es sind deren 33, da=
runter mehrere Backfische.)

Siebenter Auftritt.

Erste Chorführerin.

Männer, erschrecket nicht, wir sind die Bilder
Eines zerrissenen, kläglichen Reiches;
Haben uns häßlich unter uns selber
Ueber den Vortanz unseres Reigens
Lang gezankt.

Zweite.

Seit ihr den Hader unter euch zweien
Frieblich geenbet und burch der Eintracht
Kräftige Bande euern Bedränger
Muthig besieget, ziehet uns Liebe
Hin zu euch.

Dritte.

Kräftige Arme sollen uns lenken,
Wollen uns schlingen, wollen uns schwingen,
Liebend uns neigen, reizend uns beugen,
Wollen uns fügen, wollen uns schmiegen
Ganz an euch.

Vierte.

Gebet der Einen, gebet der Andern
Jeder an Jede, ohne zu wählen,
Ohne des Neides widriges Eifern
Nun in des Reigens lieblichem Wirbel
Froh die Hand.

Valentin.

Blitz! Sind das nette Mädel, runde, fixe!
Was machen sie für allerliebste Knixe!
Was meinst du, Faust, das sind nicht Höllengeister?
Ein Tänzchen nach so schweren Thaten,
Das kann nichts schaden!

Faust.

Ich selber fühle mich bei diesen dreister;
Ein Walzerchen möcht' ich wohl wagen —
Doch was wird Gretchen sagen?

Valentin.

Ach, darum mußt du dich nicht grämen!
Die Schwester wird's nicht übel nehmen!
Dein Fürsprech bin bei ihr ich, alter Junge;
Nun greife zu, versuche Bein und Lunge.

(Es ertönt eine fröhliche Tanzmusik nach der Melodie: „Schwä-
bische, bairische, sächsische Mädel; Juchhe.“ Es wird gewalzt.
Während des Tanzes:)

Gesang unsichtbarer guter Geister.

Glücklich erstanden!
Selig derjenige,
Welcher wie Wenige
Hat die Helenige,
Kunstvoll natürliche,

Wächsern figürliche,

Dann die Euphorische,

Springend emporische,

Naseweiß knabische,

Gummi arabische,

Dann die mephytische,

Furchtbarlich kritische,

Vielleicht politische,

Schließlich die mutternde,

Nerven erschutternde

Herz fast verbutternde

Prüfung bestanden!

Dir auch, o anderer

Unterweltswanderer,

Derblicher

Sterblicher,

Der du entrißest schon

Früher den Sorgensohn

Voll Resolution

Aus jener brätlichen

Duftend falätlichen

Sinnebeschleichenden,

Nasebestreichenden

Prüfung und treuelich,

Nimmermehr scheuelich

Jetzo ihn schützetest

Und mit ihm schwitzetest

Feind niederblitzetest

Sagen wir Amen

Nach dem Examen!

(Während fröhlich abgewalzt wird, fällt der Vorhang.)

Dritter Act.

Erster Auftritt.

(Zimmer wie im ersten Act, aber in eine Schenkstube verwandelt.)

Gretchen (mit den Anordnungen zu einem Trinkgelage beschäftigt).

Sie sind gerettet! Sieger! Sind zurück!

Nun folget noch ein letztes, schweres Stück.

Ein Sonderbares stehe noch bevor,

So klang ein hohes Wort zu unsrem Ohr;

Als Prüfung sei es kaum zu definiren,

Es gelte mehr nur, letzlich zu viltriren,

Den Rest der Sterblichkeit ganz zu purgiren.

Zurüsten soll ich mystisches Banket.

Fauſt (eintretend).

Schau! Schau! Da wird's ja nett!

~~~~~~~~~~~~~~

Zweiter Auftritt.

(**Pater Ecstaticus, Pater Seraphicus, Pater Profundus** treten ein, mit Stubenten-Mützen, an ihrer Spitze **Doctor Marianus**, einen Schläger in der Hand.)

D. Marianus.

Sei benedeiet Fauſt! Die Stunde lobe!
Jetzt gilt es nur noch eine Fuchſenprobe.

Fauſt.

Ich faſt von Eurer Glorie Betäubter
Grüß euch voll Ehrfurcht, ihr bemooſten Häupter!

D. Marianus.

Heut wirſt du ledig letzten Erdenkäſes,

7

Zeig ich dir an als dieses Suffes Präses;
Geselle kecklich dich zu unsrem Reih'n.
Die Gläser her! Komm, Gretchen, schenk' uns ein!
Einst Sünderin und Zöllnerin,
Nun dien' als flinke Kellnerin!

(Es geschieht. Man sitzt.)

P. Ecstaticus.

Jetzt mag es losgeh'n! Faleri Juchhei!
Heut bin ich außer mir und trink' und schrei'!

P. Profundus.

Heut soll es gelten, tief in's Glas zu seh'n!

P. Seraphicus.

Da nichts hier wörtlich gilt, so mag's gescheh'n;
Nicht äußerliche, photographische
Naturwahrheit bemerke man hierin,
Vielmehr entscheidet der seraphische
Höhere Sinn.

P. Ecstaticus.

Um nun bei'm alten, guten Brauch zu bleiben:
Dem Fuchsen laßt uns einen Salamander reiben!

Faust.

Ist's jener, der einst glühen sollte?

D. Marianus.

Das Füchslein denkt an alte Zeit, das holbe.
Zu Ehren ihm nach überstand'nen Proben
Nunmehr die Gläser feierlich erhoben!
Exercitium Salamandris fiat!
    Eins! Zwei! Drei!
    Eins! Zwei! Drei!

Faust.

Geriebner Zahlentiefsinn, ernst und neu!
Gerühret dank' ich, edle Companei!

(Trinkt.)

D. Marianus.

Nun singet frisch den Vers vom Bundeslied,
Der dient zum Gruße für ein neues Glied!

(Schlägt mit dem Schläger auf den Tisch.)

Gesang der drei Patres und des Doctor Marianus.

Mystischer Trinkerchor,
Hehres Studentencorps,
Geistige Stiftlerschaar,
Schier Repetenten gar,
Ernsteste Streblinge,
Strahlende Schweblinge,
Nimmer Buchstäblinge,
Setzen wir minniglich,
Brüderlich inniglich,
Hebend das Glas empor,
Dir einen Halben vor,
Irdischen Drucks
Nunmehr entbürdeter,

Eintritts gewürdeter

Lieblicher Fuchs!

D. Marianus.

Empfange nun die Fuchsentaufe!

(Gießt ihm ein Glas über den Kopf.)

Faust (blinzend und wischend).

Merkwürdig spürbare symbol'sche Traufe!

D. Marianus.

Ausschnaufe,

Dann saufe!

Faust.

Steigt!

Gretchen.

Wüßt' ich nicht, daß es Sinnbild sei,

Wie schmerzte mich die Böllerei!

D. Marianus (das Glas nachsehend).

Zeigt!
Auch nicht bemogelt? Völlig ausgesoffen;
Der junge Mann gibt uns zu hoffen.
Jedoch ein Halber will noch nicht viel heißen;
Du sollst erst jetzt, was du vermagst, beweisen!
Wir singen jetzt mit hellem Klang
Den Rundgesang!
Da muß mir dann urkräftig, ohne Zieren
Jedweder einen Ganzen expleniren.

Die drei Patres.

Uns ist nicht bang, wir haben's los!

P. Ecstaticus.

Es ist doch ganz famos,
So unter des Symboles Falten
Zu saufen was das Zeug mag halten!

P. Seraphicus.

Aus dieses Gerstensaftes Schäumen
Entfaltet sich ein überirdisch Träumen.

P. Profundus.

Steigt aus der Tiefe auch der Katzenjammer,
Man schläft ihn aus in seiner stillen Kammer
Und wird alsdann bei Häring, sauren Nieren
Noch grünblicher philosophiren.

Faust.

Seit lange soff ich keinen Ganzen mehr,
Das Ganze wird mir immer etwas schwer.

D. Marianus.

Drum blieb der Faust so lang auch ein Fragment;
Jetzt heißt es absolviren, Herr Student! —
Inzwischen muß ich noch ein Wort mit Gretchen
sprechen;

Die kleinen Gläschen da sind nur für Lumpen,

Vom Schranke brauch' ich die Verbindungshumpen.

(Für sich.)

Ich muß das Mädel jetzo secerniren,

Sie würd' uns bei der Procedur geniren.

(Geht nach dem Schenktisch. Zu Gretchen:)

So eben wird die neue Fässerfracht

Vom Hofbräuhaus des Himmels hergebracht;

In Keller geh' und stich uns an,

(kneift sie in die Wange)

Du kleiner Pater Guardian!

Gretchen.

O geh'ns, Sie sein halt immer

Ein Schlimmer!

(Sie entfernt sich, nachdem sie die Humpen gefüllt hat, die **D. Marianus** aus dem Schranke genommen. **D. Marianus** erscheint, im Hintergrund **Mephistopheles.**)

D. Marianus (flüsternd).

Du Sauerteig des Lebens,

Fermentum alles Strebens,

Nun wie der Auftrag spricht,
Thu deine Pflicht!

(Hält ihm einen der Humpen hin.)

Mephistopheles.

Gar sehr bereit zur Dienst=Erzeigung!
Pflicht ist hier Neigung.

(Er gießt in den Humpen eine Essenz.)

Wenn du mir das verdaust,
Dann Glück zu deinem Magen, Faust!

(Schleicht ab.)

D. Marianus (laut).

Komm', edler Kneipfuchs, stelle nun
Die Humpen auf, im Keller hat zu thun
Die Grete. Dieser da ist dein,
Nach altem Brauch bestimmt für Füchselein.

(Uebergibt ihm bei den letzten Worten den Humpen, in den
Mephistopheles die Essenz gegossen, Faust stellt die übrigen
Humpen auf.)

D. Marianus (schlägt mit dem Schläger auf den Tisch).

Silentium!

Nun singt herum!

Bei'm Fuchs beginnt der Rundgesang,

Dann weiter so nach dem Comment!

Fauſt.

Ei guten Abend, guten Abend, meine Herrn —
darf ich's sagen?

D. Marianus.

Mitglied bist du; nur vorwärts ohne Zagen!

Fauſt.

— meine Herrn Confratres! Ist es den Herrn
Confratribus nicht gefällig, eine kleine Sauf=
Messe mit mir anzustellen?

Alle.

Ei warum denn das nicht?

Fauſt.

So belieben die Herrn Confratres nur zu beſtim=
men, in wie viel Zügen es geſchehen ſoll?

Alle.

In den bekannten ſieben Zügen.

Fauſt.

So belieben die Herrn Confratres nur gefälligſt
nachzuzählen.

(Trinkt.)

Alle.

Eins, Zwei, Drei, Vier!

Fauſt (abſetzend).

Ei der Bier,
Der mundet mir!

(Trinkt weiter.)

P. Ecstaticus.

Rempetepemp, laß einegeh'n!

P. Seraphicus.

Rampitipamp, laß einegeh'n!

P. Profundus.

Rumpitipump, laß einegeh'n!

D. Marianus.

Ach was! Das ist aus einem andern Chor!
Ich schreib Euch Jedem einen Halben vor!

P. Seraphicus.

Wir wissen's wohl, indessen gebt doch zu
Die Tiefbedeutung von E, A und U *)!

---

*) In der That bittet man den darstellenden Künstler, in diesen Laut-Unterschied den höchsten Ausdruck von Seele zu legen, dessen er fähig ist, damit die ganze Tiefe des verborgnen Sinns für den ahnungsvollen Zuhörer vermittelt werde.

D. Marianus.

Ihr sauft!

(Zu Faust, der während dieser Episode abgesetzt hat.)

Faust, nicht zu lang geschnauft!

Alle.

Fünf — Sechs — Sieben —!

Faust (den Humpen umkehrend).

Ist auch nicht die Nagelprobe drin geblieben!

Alle.

Solche Brüder müssen wir haben,

Die versaufen Rock und Kragen,

Strümpf und Schuh,

Strümpf und Schuh,

Laufen dem Himmel baarfuß zu!

P. Ecstaticus.

Ei guten A —

Fauſt.

Au! Au! Oh! Ach! Au! Wie mir's im Bauche zuckt!
Ach weh! Was hab' ich denn verſchluckt!

D. Marianus.

Die Reihe geht nicht weiter um!
Silentium! Silentium!
Vernimm', o Fauſt, nun wunderbare Kunde,
Was dir beſtimmet war aus Schickſals Munde:
Verordnet ſei — ſo klang's — zur letzten Reinigung,
Zur ſchließlich gänzlichen Entſchweinigung
Von Erdentand, von irdiſcher Verſtopfung,
Von feſtgeſeßner Sterblichkeitsverpropfung
Ein intenſives höheres Larier,
Wirkſam wie jemals kräftigſtes Klyſtier!
Von höchſtem Ort gelangte das Rezept
An mich, ich gab's dem hölliſchen Abept,
Dem Mephiſtophel nach des Auftrags Laut.
Der ſchmunzelt, wie er's angeſchaut,
Gedenket ſeiner alten Schliche,

Hinkt dann mit seiner ärztlichen Scharteke
Hinüber nach der Höllen=Apotheke,
Die du schon kennst, der ruß'gen Hexenküche.
Das alte Weib sucht unter würz'gen Kräutern
Die schärfsten aus und die am tiefsten läutern,
Kocht, siedet, siebet, quirlet, sudelt, schmieret,
Preßt aus, verdämpfet, seiet, bestilliret
Und liefert ihm die fertige Mixtur,
Die rettende von jeder Darmstrictur.
Auf mein Geheiß, du vielgeprüfter Zecher,
Gießt Mephistophel sie in deinen Becher, —
Nun halte fest, mit Willensspannkraft klemme,
Daß nicht verfrüht die Wirkung sich verschwemme!
So führt dich das Klysterium
Zum höhern Magisterium; —
O Faust, hier ist Mysterium!

Faust.

Au! Au! Ach! O! Au wai, o weh!
Es zwickt hinunter mir bis in die Zeh'!

D. Marianus.

Halt' aus! Halt! Halt' aus! Ihr, meine Patres,
Bedeutsamen Commerses heitre Fratres,
Singt nunmehr in erhabner Ruh
Dem Dulder Euern Kanon zu!

P. Ecstaticus.

Würge, du wirkender,

P. Seraphicus.

Wirke, du würgender,

P. Profundus.

Säubernder Trank!

P. Ecstaticus.

Heize, du beizender,

P. Seraphicus.

Beize, du heizender,

P. Profundus.

Saurer Schank!

(In derſelben Stimmen=Vertheilung die zweite Strophe:)

Darmkanals ganze Bahn

Bürſte von obenau,

Schraubender Krampf!

Schüttle den edeln Mann,

Beiße weit mehr, als fran=

zöſiſcher Sampf!

Fauſt.

Au! Au! Es wird zu ſchwer,

Ich kann nicht mehr,

Ich müßte ſterben!

Poeſie, du Flammenquell,

Brich nur los mit leuchtendem Verderben,

Aber ſchnell!

D. Marianus (die Uhr ziehend).

Es hat genug gewirkt, es ſei!

8

Ich laß dich frei!

(Es bildet sich eine schaamhafte Nebelwolke und hüllt den Faust
ein; da sich das Weitere der Wahrnehmung des Gesichtes entzieht,
hat der zarte Dichter für passend gehalten, hier eine Wirkung der
wahrhaft charakteristischen Tonkunst eintreten zu lassen, und sich
zu diesem Zwecke bereits mit dem Erfinder der Musik der Zukunft
in Verbindung gesetzt.)

D. Marianus.

Es kann im Himmel und auf Erden

Auch allzuviel des Guten werden,

Sogar der Läutrung ist ein Maaß gesetzt.

Darum nach Vorschrift ruf' ich jetzt:

Erscheine, Valentin, mit Hammer und mit Zapfen!

— Ich höre schon die schweren Schritte stapfen!

Dritter Auftritt.

Valentin (tritt auf; ordonanzmäßig).

Hier!

D. Marianus.

Bist du bereit?

Valentin.

Sehr wohl!

D. Marianus.

Soll Fauſt geſunden,
So mußt du ihn nach Order nun verſpunten.

Valentin (tritt hinter die Wolke, wird nicht mehr geſehen,
ſpricht laut, hörbar).

Nüſſiger Knackerling!
Hoſiger Kackerling,
Lege dich itzt!

(Man hört einen Schlag und den Ruf:)

Eins!

(Fauſt's Stimme:)

Au, au!

(Valentin's Stimme:)

Zwei!

(Fauſt's Stimme:)

Au waih!

(Valentin's Stimme:)

Drei! Es ſitzt!

(Der Nebel fällt, Fauſt und Valentin werden ſichtbar, Fauſt ſteht
ſoeben auf.)

Fauſt (vortretend mit verklärten Zügen).

Wie wohl, wie wunderbar, wie leicht iſt mir!

Komm', ernſter Küfer, ſtrenger Bötticher,

Komm', Valentin, mein Retticher,

An meine Bruſt! O Menſch, wie dank' ich dir!

(Umarmung.)

D. Marianus.

Jetzt wartet dein, du gründlich Durchgeſeiter,

Auch gegen diesen Durchfall fest Gefeiter,
Das Letzte, Wunderbarste. Als Geweihter
Nach dieser Qual, der letzten, steißischen,
Hast du vom Erdenstaub für immer Ferien
Und schauest die Eleusischen
Mysterien.

(Zu Valentin:)

Auch du, mein Sohn, als treuer Famulus,
Rückst nun empor zum freien Genius.

Valentin.

Was ist's denn dann?
Gibt es etwan
Auf der Verklärung reinen Tugendhügeln
Doch auch noch Jemand abzuprügeln?

D. Marianus.

Das minder. Doch Verwendung
Von meiner Seite soll dir nicht entsteh'n,
Gibt es hinab auf Erden eine Sendung

Wo es auf Schläg' ist abgeseh'n.

Damit das Menschenvolk, das eitle, stumpfe,

Das skrophulöse, nicht im Sumpf verdumpfe,

Bedarf es öfters einer Keilerei,

Kanonen, Flinten, Pulver, Blei.

— Nun rufe Gretchen!

Valentin (an der Thür hinausrufend)

Gretchen, komm herbei!

Jetzt geht der Jubel an, Juchhei!

Vierter Auftritt.

(Gretchen tritt ein.)

Faust (sie umarmend)

Jetzt freue dich, mein altes Erdenschätzel!

Jetzt auf die Prüfung folgt die Schulfestbretzel!

Gretchen.

Ist es gelöst, das schauerliche Räthsel?

Wie war mir bang! O, ich erlebt' es kaum,
Indeß im dunkeln, feuchten Keller-Raum
Mich Ahnende gleichwie mit Geisterzangen
Des Mephistophels Zauber hielt gefangen.
Sind wir gebildet gegenseitig ganz?
Wird jetzt geschwebt in ew'gem Aetherglanz?

Valentin.

Die Freude fühl' ich in der Kehle brodeln;
Verzeihet mir, ich muß ein wenig jodeln!

(Jodelt.)

D. Marianus.

Das Jodeln schweige! Das ist zu profan!
Das Stück vom Landesvater stimmet an!

Patres.

Alles schweige,
Jeder neige
Wunderchören nur sein Ohr!

Und er schaue

In das blaue

Absolute nun empor!

* * * * * * * * *

Fünfter Auftritt.

(Verwandlung. Decke und Wände verschwinden, den seitlichen Saum der Bühne bilden leichte Wolken. Die drei **Patres** mit **D. Marianus** gruppiren sich auf die eine, Faust, Gretchen, Valentin auf die andere Seite, Alle mit gespannten Blicken nach der Mitte, mehr nach dem Hintergrunde zu, schauend. Nach einer feierlichen Pause erhebt sich eben an dieser Stelle ein großer Wolkenhügel und erscheint auf dessen Höhe in bengalischer Beleuchtung, die ihre Helle auf die vorher halbdunkel gewordne Bühne verbreitet,

ein kolossaler Stiefelknecht.

Allgemeiner Ausdruck ernsten Staunens. Hierauf erscheint und stellt sich zur Rechten des Stiefelknechts auf

ein Stiefel.

Hierauf erscheint und stellt sich zur Linken des Stiefelknechts auf

ein zweiter Stiefel.

Hierauf erscheint eine Gruppe von

fünf Hühneraugen.

Dieselbe bewegt sich zuerst durch die Luft mit rhythmischen Evolutionen, wie die des Chors der antiken Tragödie waren, und steht dann auf der rechten Seite des Stiefelknechts über dem Stiefel still. Hierauf erscheint eine zweite Gruppe von

fünf Hühneraugen

bewegt sich in derselben Weise und steht still auf der linken Seite des Stiefelknechts über dem betreffenden Stiefel. Diese zwei Gruppen werden durch Chor A und Chor B bezeichnet. Gesang dieser Chöre ebenfalls in der Weise des antiken Chors, begleitet von rhythmischem Stellenwechsel der Individuen der einzelnen Gruppe.)

Gesang der Hühneraugen.

Chor A.

Drückende Hornungen,

Chor B.

Brennende Laugungen,

Chor A.

Leichliche Dornungen,

Chor B.

Hühnliche Augungen,

Beide Chöre.

Zwickende Stockungen,
Säfte=Verhockungen,
Hemmende Blockungen!
Der tiefre Sinn ist aber noch zurück;
Lest ihn in unsrem seelenvollen Blick!

Gretchen.

Bis jetzo ahnt' ich nicht von fern,
Was doch in solchem Hühneraugenstern
Ein Ausdruck liegen kann von Schmerz und Sehnen;
Fast scheint es mir, sie füllen sich mit Thränen.

Valentin.

Was für ein närrisch Zeug spricht doch das Gretel!
Im ersten Theil war sie ein andres Mädel;
Seitdem hat sie den zweiten Theil gelesen,
Von da an ist verändert all ihr Wesen,
Ihr Kopf verschoben,

Ihr Hirn verschroben.

Was! Hühneraugen sind halt Hühneraugen!

Fauft.

Das sind Bemerkungen, die gar nichts taugen!
Das Bild nicht ist's, es ist ja die Idee.

Valentin.

Ich dank' für die Idee,
Die stecket in der Zeh.

D. Marianus.

Belächelt liebend diesen Mann, den Guten,
Den treuen Kammeraden,
Der nun mit euch aus Gnaden
In's lichterfüllte Meer des Absoluten,
Obwohl der Tiefsinn ihm noch nicht entglommen,
Auf Hoffnung doch, es werde schon noch kommen,
Ist aufgenommen.
Doch schweigt, emporgewandt das Angesicht!

Ein Stiefel spricht;
Vielmehr er singet hoch und tief
In einer Art Rezitativ!

Stiefel A (rechts)

Füße beklemmen wir,

Stiefel B (links)

Uebersturz dämmen wir,

Stiefel A.

Fortschritt oft hemmen wir,

Stiefel B.

Wandelung flemmen wir

Beide Stiefel.

Und doch bedarf man unser sehr,
Denn barfuß geht man mit Beschwer;
Nichts taugt die nackige Natur,
Das wahre Ziel ist die Cultur.

Gretchen.

Hörst du, mein Faust? Das zielt auf Bildung,
Der Sitten Zähmung und Entwildung;
Das wolltest du nicht immer recht beachten,
Wenn ich bemerkte, danach sei zu trachten.

Faust.

Mir scheint, da liegt noch nicht der ganze Pfiff.

Gretchen.

O, Heinrich, sprich doch zärter!

Faust.

Jetzt sprech' ich wie ich mag; ich bin ja ein Verklärter!
Zu allgemein ist mir noch der Begriff
Der Bildung, ist noch nicht der Treffer,
Da liegt noch nicht der Haas im Pfeffer.

Valentin.

Mir scheint, man wolle hier uns informiren,

Daß man die Stiefel grünblich solle schmieren;
Doch geht der Marsch durch Wasser und durch
Schluchten,
Nichts besser, als ein gutes Paar von Juchten.

D. Marianus.

Wie liebenswürdig bist du doch, Naiver!
Du liebst das Klare. Doch der Sinn liegt tiefer.
Doch horchet, sammelt euch jetzund,
Das Ursinnbild gibt Ursinns Urwort kund!

P. Ecstaticus.

Schon reget sich sein zangenhafter Mund!

P. Seraphicus.

Aufglühet mystisch seiner Augen Rund.

D. Marianus.

Er zaubert noch, er läßet euch noch Frist,
Bis seine Rede meditiret ist,

Inbrünstiglich von Wolkenberges Stufen
Mit ächtem Göthe=Vers ihn anzurufen.

P. Ecstaticus.

Schauer vom Wolkenrand!
Ewiger Wonnebrand!
Glühendes Liebeband!
Bundschuh, beenge mich,
Stiefel, du zwänge mich,
Leichdorn durchsenge mich!
Leder, das tüchtige,
Presse das Nichtige,
Daß sich's verflüchtige!
Glänze der Stiefelknecht
Uebrigem Erbgeschlecht!

P. Seraphicus.

Welch' ein Morgenwölkchen schwebet
Von des Holzes hohem Sitz!
Ahn' ich, was im Innern lebet

Für ein ungeheurer Witz?
Blick herab zu meinen Füßen,
Welt- und erdgemäß Organ!
Schau' von Pilgerschuh zerrißen
Dieser Zehen Gegend an,
Wund von Wurzeln und von Felsen,
Wund vom Strom, der abestürzt,
Schrund' und Brand, weil keine Stelzen
Mir den Erdenweg verkürzt!

P. Profundus.

Aus des Abgrunds dunkeln Tiefen
Komm' ich aufwärts angestiefelt;
Fußes Schmerzen nimmer schliefen,
Weil der Strumpf zu grob verwiefelt,
Weil die Stiefel sehr gedrücket,
Erdenleder hart gezwicket,
Weil den Riß, der es zerstücket,
Grobe Pechschnur hat geflicket,
Plumpen Schusters Pfriemen, Alen!

O beschwicht'ge biese Qualen,

Schaff' Erlösung, schaff' ein End',

Urbebeutsam Instrument!

(Feierlicher Donner.)

Stiefelknecht (tiefster Baß)

Ung

Lung

Jdelung

Wickelung

Twickelung

Entwickelung

Twickelung

Wickelung

Jdelung

Lung

Ung.

(Lang und würdevoll nachbröhnendes Echo:)

Ung!

Valentin.

„Eng" wird's, der Stiefel wegen, heißen wohl.

Faust.

Nun aber schweige doch vor höchstem Weltsymbol!

(Neuer, stärkerer Donner. Es erscheint über dem Stiefelknecht
eine große **Null.**)

Null (allertiefster Baß)

Euch Bilder jetzt verschling' ich wie ein Nero:
Das Absolute ist das reine Zero!

(Die Null verschlingt Stiefelknecht, Stiefel, Hühneraugen und
schwebt nun allein in der Höhe.)

Valentin.

Pros't Mahlzeit! Nun, ein rechter guter Magen
Kann schon etwas vertragen!

Faust.

Begreifst du denn bis zu dem letzten Schritt

Auch nimmermehr ein tiefstes Symbolum?
Gesang der Eingeweihten geht jetzt um:
So sammle dich und singe würdig mit!

D. Marianus.

Dieses Histatium

D. Ecstaticus.

Ist kein Brimborium

D. Seraphicus.

Ist Allegorium

D. Profundus.

Ursinns Sensorium

Fauſt.

Urpräzeptorium

Gretchen.

Bildungs=Doctorium

Valentin.

Schuh=Revisorium.

Unsichtbarer Chor jüngerer Geister.

Seelen=Ciborium

Unsichtbarer Chor älterer Geister.

Ohne Cichorium

Unsichtbarer Chor ganz alter Geister.

Urigen Urbegriffs Repetitorium!

D. Marianus.

Empor nun, ganzes Auditorium!
Aufschwingt euch zum Emporium,
Allwo unbeschnipfelt
Die Idee sich gipfelt,

Wo das J sich tüpfelt,

Wo der Weltbaum wipfelt,

Wo die Weltwurst zipfelt!

(Während sämmtliche sichtbare Personen sich anfaßen und nach der Höhe des Wolkenberges zu schweben beginnen, ertönt ein)

Chorus mysticus.

Das Abgeschmackteste,

   Hier ward es geschmeckt;

Das Allervertrackteste,

   Hier war es bezweckt;

Das Unverzeihliche,

   Hier sei es verzieh'n;

Das ewig Langweilige

   Führt uns dahin!

(Die Personen schweben zu der Null empor; man bemerkt noch, daß einige Schwierigkeiten, welchen diese Bewegung bei Valentin unterliegt, durch Nachhülfe der Uebrigen beseitigt werden. Inzwischen wird jetzt bei steigender Klarheit am höheren Himmel ein offenes Fenster sichtbar, aus demselben schaut Göthe; man hört ihn herzlich lachen.)

Göthe.

Mein Lebtag hab' ich nicht so froh gelacht,
　　Noch seit ich hingieng zu der Geisterhalle;
Der tolle Kerl, der diesen Spuck erdacht,
　　Der hat mich lieber, als ihr andern Alle!

Finis.